ANALISI DEL LIBRO

AF125929

Storia di una gabbianella e del gatto che le insegnò a volare

· · · · · · · · · · · · · · · ·

LUIS SEPÚLVEDA

ANALISI DEL LIBRO

Scritto da Johanna Biehler
Tradotto da Sara Rossi

Storia di una gabbianella e del gatto che le insegnò a volare

LUIS SEPÚLVEDA

LUIS SEPÚLVEDA

SCRITTORE CILENO

- **Nato a Ovalle (Cile) nel 1949.**
- **Opere degne di nota:**
  - *Il vecchio che leggeva storie d'amore* (1989), romanzo
  - *Últimas noticias del Sur* ("Ultime *notizie* dal Sud", 2012), romanzo
  - *Historia de un perro llamado Leal* ("*Storia* di un cane di nome Leal", 2016), romanzo

Luis Sepúlveda è nato a Ovalle, in Cile, nel 1949. Si è schierato presto contro il regime del generale Pinochet (presidente cileno, 1915-2006), che lo ha portato all'incarcerazione e all'esilio. In seguito ha viaggiato in tutto il Sud America e ha combattuto contro la dittatura. Nel 1982 si trasferisce ad Amburgo e inizia a lavorare come giornalista. Diventa famoso con il suo primo romanzo, *Il vecchio che leggeva storie d'amore*, che descrive la vita degli indigeni Shuar con cui ha trascorso un anno. Autore di successo, ha affrontato una vasta gamma di generi, prendendo come soggetto gli eventi storici del XX secolo (*Il nome di un torero*, 1994; *La locura de Pinochet y otros artículos* ["La follia di Pinochet e altri articoli"], 2003; *La sombra de lo que fuimos* ["L'ombra di ciò che eravamo"], 2010) o la vita quotidiana (ad esempio, la vita quotidiana di un cinico sicario in *Diario de un killer sentimental* ["Diario di un killer sentimentale"], 1998).

STORIA DI UNA GABBIANELLA E DEL GATTO CHE LE INSEGNÒ A VOLARE

UN RACCONTO PER TUTTE LE ETÀ

- **Genere:** racconto
- **Edizione di riferimento:** Sepúlveda, L. (2016) *Storia di un gabbiano e del gatto che le insegnò a volare*. Trans. Sayers Peden, M. Richmond, Surrey: Alma Books Ltd.
- **1ª edizione:** 1996
- **Temi:** ambiente, promessa, solidarietà, coraggio, inquinamento, apprendimento, animali

Questo racconto, pubblicato per la prima volta nel 1996 e dedicato ai figli di Sepúlveda, si rivolge sia ai bambini che agli adulti. Racconta la storia di un gabbiano che, rimasto intrappolato in una chiazza di petrolio, dona il suo uovo a un gatto del porto di Amburgo perché lo protegga e lo allevi. Questa breve narrazione affronta temi universalmente rilevanti come il sostegno reciproco, l'ambiente, il coraggio e le lezioni di vita, e invita il lettore a riflettere sul rapporto tra uomini e animali. Il libro è stato tradotto in molte lingue e ha vinto numerosi premi, come il Prix Sorcières di France per la letteratura per ragazzi nel 1997.

SINTESI

LA CHIAZZA DI PETROLIO

Un gruppo di gabbiani sta volando per incontrarsi con gli altri gabbiani per deporre le uova e allevare i pulcini. Durante il tragitto, si fermano vicino ad Amburgo per nutrirsi. Uno dei gabbiani, Kengah, sogna ad occhi aperti e non sente le grida dei suoi compagni che la avvertono che sta per colpire una chiazza di petrolio. Cerca di volare via ma viene sommersa. Mentre cerca una via d'uscita, si ricorda della storia che un vecchio gabbiano le aveva raccontato su un umano chiamato Icaro. Ispirata da questa storia, quando finalmente riesce a volare via, vola vicino al sole per far sciogliere l'olio che si è attaccato alle sue ali. Tuttavia, non funziona e vola verso l'interno.

Nelle vicinanze, il gatto Zorba è rimasto a casa da solo per le vacanze. Qualche anno prima, quando era ancora un gattino, un pellicano lo scambiò per una rana e lo ingoiò prima di risputarlo. Un bambino lo raccolse e divenne il suo padrone.

Mentre Zorba si crogiola al sole sul balcone, un uccello ricoperto di olio si schianta a terra davanti a lui. È Kengah, esausta per il viaggio. Il gatto cerca di aiutarla, ma è troppo tardi. La gabbiana usa le sue ultime forze per deporre un uovo e chiede a Zorba di prometterle tre cose: di non mangiare l'uovo, di accudirlo fino alla schiusa e di insegnare al pulcino a volare. Zorba accetta e corre a cercare aiuto. Tuttavia, è già troppo tardi e Kengah muore prima del suo ritorno.

Zorba si reca in un vicino ristorante italiano, dove il Colonnello, un gatto apparentemente senza età, dà spesso consigli agli altri gatti. Il Colonnello suggerisce di andare a parlare con Einstein, che vive al porto nel bazar del suo proprietario Harry. Harry è un ex marinaio e ha due animali domestici: uno scimpanzé di nome Matthew che gestisce la cassa e un gatto di nome Einstein. Quando Zorba, il Colonnello e l'aiutante del Colonnello Segretario arrivano al negozio, Matthew chiede loro di pagare l'ingresso. Zorba minaccia lo scimpanzé, che alla fine li fa entrare. Poi spiega il suo problema a Einstein, che consulta un'enciclopedia e gli dice che ha bisogno di benzene per lavare via la benzina.

Quando i quattro gatti tornano all'appartamento, scoprono il corpo senza vita di Kengah. Il Colonnello pronuncia un elogio funebre per l'uccello, "vittima di un disastro causato dall'uomo" (p. 53). I gatti iniziano a miagolare e presto si uniscono ad altri animali. Il Colonnello ricorda ai suoi compagni che "ha dato la sua parola d'onore, e la parola di un gatto del porto è la parola di tutti i gatti del porto" (p. 48). Einstein consiglia poi a Zorba di tenere l'uovo al caldo. Ogni sera il Colonnello, il Segretario e Einstein vanno a trovarlo per vedere se ci sono stati progressi.

Zorba cova con cura l'uovo. La sera del ventesimo giorno viene svegliato dallo scricchiolio del guscio. Il pulcino appena nato lo prende subito per la madre. I gatti chiamano allora Seven Seas, un gatto marino esperto, per determinare il sesso del pulcino. Il Colonnello suggerisce di chiamarla Lucky, a causa della fortuna che l'ha posta sotto la protezione dei gatti del porto.

Zorba mantiene la sua promessa: si prende cura del pulcino e lo protegge dagli attacchi degli altri gatti. Poiché l'appartamento di Zorba non è abbastanza sicuro, a causa degli umani "imprevedibili" (p. 72), decidono di trasferirsi al bazar. Il pulcino viene minacciato da un ratto, ma Zorba negozia con il capo dei ratti affinché non attacchino l'uccello.

Lucky cresce rapidamente. Einstein sfoglia le enciclopedie per cercare di capire come insegnarle a volare, ma la giovane gabbiana non capisce e dice: "Voglio essere un gatto" (p. 87). Tuttavia, dopo una discussione con Matthew, Lucky si rende conto di essere un uccello (non ha il corpo di un gatto e non può miagolare) e si spaventa. Si nasconde quindi nel bazar perché è convinta che i gatti stiano cercando di ingrassarla per consegnarla ai topi, ma Zorba riesce a rassicurarla.

I gatti collaborano per aiutare Lucky a esercitarsi nel volo nel bazar. Anche se aveva cercato di nasconderlo, i gatti sapevano che Lucky voleva farlo: quando ha visto altri gabbiani volare, ha automaticamente aperto le ali. Segue le istruzioni di Einstein e viene incitata dagli altri gatti, ma si schianta quando cerca di decollare.

Dopo 17 tentativi falliti, Lucky si sta perdendo d'animo. Quando Zorba si rende conto che non possono mantenere la promessa, suggerisce di andare a chiedere aiuto agli umani. Gli altri gatti sono sorpresi da questa proposta, poiché parlare con gli umani è contrario alle loro regole. Pertanto, convocano una riunione dei gatti per discutere la questione. Alla fine, Zorba ottiene il permesso di infrangere il tabù parlando con un umano scelto dal gruppo. Stilano una lista, ma escludono tutte le persone che ne fanno parte a causa della loro

mancanza di esperienza di volo. Alla fine decidono di sce-
gliere uno scrittore, proprietario di una bellissima gatta
bianca e nera di nome Angelina. Lo ritengono il miglior can-
didato perché i suoi scritti danno l'impressione che "voli con
le parole" (p. 107).

Zorba si reca quindi da Angelina e chiede di parlare con lo
scrittore, ma lei rifiuta. Il proprietario sente dei rumori insoliti
e si alza per indagare, e Zorba ne approfitta per entrare
nell'appartamento. Spiega quindi il problema all'uomo, che
è sorpreso di trovarsi a parlare con un gatto. Accetta di aiu-
tarlo quella stessa notte e cita alcuni versi della poesia
Gabbiani dello scrittore basco Bernardo Atxaga (nato nel
1951), che descrive il volo di questi uccelli.

Il poeta porta Zorba e Lucky sulla torre della chiesa di San
Michele. Lucky è spaventata, ma Zorba riesce a calmarla.
Mentre ascolta le parole della poesia, il gabbiano salta e poi
cade. Zorba e l'uomo si precipitano alla finestra, ma Lucky
sta planando. Zorba conclude che "solo chi osa può volare"
(p. 123).

STUDIO DEL CARATTERE

ZORBA

Zorba è un "grosso grasso gatto nero" (p. 10) che ama il ragazzo che si prende cura di lui. Quando era ancora un gattino, "una piccola palla di pelo nero carbone" (p. 12), Zorba era curioso e voleva assaggiare il pesce, così si arrampicò fuori dalla cesta dove la madre si prendeva cura di lui e dei suoi sette fratelli e sorelle. Tuttavia, fu inghiottito e risputato da un pellicano, che lo aveva scambiato per una rana.

È altruista e soccorre il gabbiano, che lo descrive come "un bell'animale [...] dai nobili sentimenti" (p. 25). È particolarmente gentile con l'uovo e lo accudisce come una madre. È orgoglioso (non gli piace essere visto come uno stupido) e il suo onore è molto importante per lui: è pronto a infrangere un tabù per mantenere la sua promessa. Conosce molte lingue umane e ha tatto.

LUCKY

Lucky è un uccello dalle piume bianche e argentate, come sua madre Kengah. Tuttavia, considera Zorba la sua vera madre. Nonostante la sua "camminata ondeggiante da uccello marino" (p. 86), si vede come un gatto e ha troppa paura di imparare a volare. I gatti le lasciano decidere quando vuole volare, perché è una scelta personale. Dopo aver fallito ripetutamente, si perde d'animo. Alla fine riesce a volare grazie ai gatti e al poeta, a cui è molto grata.

KENGAH

Kengah è un gabbiano dalle piume argentate e con un grande interesse per gli esseri umani: le piace guardare le bandiere delle navi. È coraggiosa e lotta contro la morte certa quando rimane incastrata nel petrolio. Apprezza le riunioni organizzate tra i gabbiani e la memoria collettiva della sua specie.

EINSTEIN

Einstein vive nel bazar del porto. È un gatto che sa molte cose e ama le enciclopedie: "Ogni volta che sfoglio le sue pagine imparo qualcosa di nuovo" (p. 43). È pedante e "scolastico" (p. 49) e crede fermamente che "Tutto il sapere è contenuto in questi libri" (p. 74). Di conseguenza, non vede di buon occhio che Zorba faccia notare i limiti delle enciclopedie. Tende a esagerare tutto: usa regolarmente l'aggettivo "terribile" e si sente "importante come un ingegnere della NASA" (p. 93) quando aiuta Lucky a volare.

IL COLONNELLO

Il Colonnello è un gatto che si crede senza età. È in grado di risolvere i problemi degli altri gatti, che lo vedono come un saggio e "la principale autorità tra i gatti del porto" (p. 31). Presta molta attenzione a ciò che accade al ristorante italiano Cuneo, parla italiano ed è accogliente con gli altri. Non riesce a pronunciare parole complicate e il suo assistente

Segretario parla sempre per lui, cosa che lo irrita. È anche il custode delle tradizioni e delle regole dei gatti.

SEGRETARIO

Segretario è un gatto magro e quasi senza baffi. È il maître del ristorante. È veloce e parla sempre prima del Colonnello. Trova sempre più difficile essere solo un subordinato del Colonnello, ma quest'ultimo riesce sempre a placarlo con il cibo.

SEVEN SEAS

Seven Seas è un "gatto color miele con gli occhi azzurri" (p. 80). È descritto come "un autentico gatto oceanico" (p. 81). È la mascotte della Hannes II, una chiatta che draga la foce del fiume Elba, e i marinai gli sono molto affezionati. Avendo viaggiato a lungo, è riconosciuto e rispettato per la sua esperienza in tutto ciò che riguarda la nautica.

MATTHEW

Matthew è lo scimpanzé che gestisce la cassa del bazar di Harry. È un bugiardo e un imbroglione e cerca di rubare ai clienti. È diventato un alcolizzato a causa di Harry, che asseconda la sua voglia di birra. È molto inflessibile quando si tratta di regole.

ANGELINA

Angelina è una bellissima gatta bianca e nera che si crogiola al sole tra i fiori del balcone. Tutti i gatti cercano di sedurla, ma lei ha occhi solo per il suo padrone, verso il quale è molto protettiva.

IL POETA

Il poeta è il proprietario di Angelina. Zorba ha molta fiducia in lui. La sua esperienza, la sua erudizione e la sua apertura mentale (parla con un gatto parlante) lo rendono una preziosa fonte di aiuto per Zorba e Lucky.

IL RAGAZZO

Ha accolto Zorba dopo la sua disavventura con il pellicano. È molto legato al gatto: spende la sua paghetta per lui e gli parla. Zorba lo descrive come "il migliore" (p. 10).

ANALISI

IL RACCONTO

La storia del genere

L'origine del genere del racconto risale ai miti, alle leggende e alle storie fantastiche dell'antichità e del Medioevo (come l'*Iliade*, circa XIII secolo a.C., *Perceval, la storia del Graal*, qualche tempo prima del 1190, *La canzone dei Nibelunghi*, circa 1200, e le Saghe norrene). I racconti sono stati principalmente tramandati di generazione in generazione attraverso la narrazione orale, molto prima che venissero scritti. Inoltre, inizialmente i racconti erano rivolti agli adulti piuttosto che ai bambini. Mentre le prime tracce del genere fiabesco erano già emerse in Italia durante il Rinascimento (ad esempio negli episodi fantastici del *Decameron*, apparso tra il 1349 e il 1353, dello scrittore fiorentino Boccaccio, 1313-1375), lo scrittore francese Charles Perrault (1628-1703) è considerato il fondatore del genere. Perrault è particolarmente noto per le sue *Fiabe dell'oca madre* (1697), che contengono una serie di racconti ormai classici, come *La bella addormentata*, *Cappuccetto Rosso*, *Il Gatto con gli stivali* e *Cenerentola*. Gradualmente, le fiabe cominciarono a essere scritte sia per i bambini che per gli adulti.

In seguito, altri autori, come i Fratelli Grimm (linguisti, filosofi e raccoglitori di fiabe tedeschi che pubblicarono le loro opere nel corso del XIX secolo) continuarono a lavorare su questo genere. Tra il 1704 e il 1717 apparve la prima versione europea delle *Mille e una notte*, un racconto arabo risalente a diversi secoli fa, tradotto dall'orientalista e scrittore francese Antoine Galland (1646-1715). Nel XIX e XX secolo, scrittori come Alexander Pushkin (poeta, romanziere e drammaturgo russo, 1799-1837), la Contessa di Ségur (scrittrice francese, 1799-1874) e Hans Christian Andersen (romanziere, scrittore e poeta danese, 1805-1875) diedero nuova vita al genere. Mentre i racconti precedenti utilizzavano mondi immaginari come sfondo per i loro contenuti fantastici, Andersen fondò la fantasia sulla realtà. Ad alcuni dei suoi racconti, come *La piccola fiammiferaia* (1845), diede persino un finale infelice. I bambini più piccoli divennero sempre più il pubblico di riferimento per le fiabe: la loro forma e il loro contenuto furono semplificati e vennero accompagnati da un maggior numero di illustrazioni. Altri autori hanno continuato a scrivere in questo genere, come lo scrittore francese Pierre Gripari (1925-1990), che ha pubblicato una raccolta di racconti nel 1967.

Gli esperti tendono a concordare sul fatto che le storie apparentemente semplici raccontate nelle fiabe nascondono concetti più complessi. Lo psicoanalista americano Bruno Bettelheim (1903-1990) ha condotto un'analisi del contenuto psicologico delle fiabe: ad esempio, *Cappuccetto Rosso* simboleggia la ragazzina che si avvicina alla pubertà e che deve essere messa in guardia dal pericolo di parlare con gli sconosciuti, mentre il messaggio de *I tre porcellini* (XVIII secolo) è che crescere significa non agire più in modo puramente egoistico, ma affrontare la realtà, e così via. Le fiabe sono quindi un modo per trasmettere un messaggio ai bambini.

Le caratteristiche dei racconti

La storia di un gabbiano e del gatto che le insegnò a volare presenta alcune caratteristiche tipiche dei racconti:

- **Il testo è breve.**

- **La storia è senza tempo:** non ci sono riferimenti a date specifiche ed è difficile collocare gli eventi cronologicamente.

- **Il fantastico gioca un ruolo:** i gatti parlano, pensano e vivono come gli umani. Hanno anche le loro regole e le loro abitudini.

- **I personaggi sono archetipi e hanno ciascuno un ruolo ben definito:** Lucky è l'eroina, Zorba la aiuta (aiutante), Matthew crea problemi (avversario) e così via.

- **La storia ha un lieto fine e termina con una morale:** Lucky impara a volare e può tornare dalla sua specie. Inoltre, la conclusione di Zorba secondo cui "solo chi osa può volare" rende la storia simile a una parabola, un racconto allegorico che mira a trasmettere una morale o un messaggio religioso. In questo caso, Sepúlveda raffigura gatti simili agli esseri umani per incoraggiare valori come la solidarietà e il rispetto per la natura.

TECNICHE LETTERARIE

Focalizzazione

Sepúlveda ha optato per un punto di vista esterno: il narratore non viene identificato e non svolge alcun ruolo nella storia. Osserva gli eventi senza prendervi parte e racconta al lettore ciò che vede e sente. All'inizio del racconto, il lettore segue le storie di Kengah e Zorba in parallelo, prima che si intreccino.

Intertestualità

Il libro riproduce anche un brano di un'opera precedente. In particolare, contiene i versi della poesia *Gabbiani* di Bernardo Atxaga, pseudonimo dello scrittore basco Joseba Irazu Garmendia, che descrive la vita contemplativa degli uccelli. Atxaga si è fatto conoscere in tutto il mondo con la raccolta di racconti *Obabakoak,* pubblicata nel 1988, e ha molti punti in comune con Sepúlveda: entrambi hanno scritto per bambini, ma si sono cimentati anche in altri generi (romanzo, racconto, poesia e così via), e ritraggono persone normali sullo sfondo della natura e della vita moderna.

Dispositivi stilistici

Sepúlveda ricorre spesso all'accumulazione, un espediente stilistico che consiste nell'elencare una serie di elementi della stessa categoria (per tipologia o funzione), con l'obiettivo di creare un effetto di abbondanza. Ad esempio, la descrizione del bazar di Harry mira a dare l'impressione del disordine che vi regna. Questa impressione è rafforzata dall'uso dei numeri. Il senso di disordine creato da questa accumulazione è sia fisico (è un bazar) che psicologico (gli animali sono persi senza una logica umana).

L'accumulo può anche aggiungere un tocco di umorismo alla storia, in quanto rende la descrizione del contenuto del bazar più vivace e stravagante:

> *"12 telegrafi a motore maltrattati dalle mani a martello di capitani irati; 256 bussole che non hanno mai deviato dal Nord; [...] 1 orso polare imbalsamato nella cui pancia giaceva la mano destra di un esploratore norvegese; [...] 129 proiettori di diapositive che mostravano paesaggi in cui si poteva sempre essere felici." (pp. 35-36)*

UMORISMO

Sebbene la storia utilizzi episodi tristi per illustrare temi importanti, l'umorismo è presente in diverse forme:

- **Comicità di situazione:** è presente fin dall'inizio, grazie al titolo del libro, che presenta una situazione palesemente assurda e apparentemente illogica che spinge il lettore a volerne sapere di più. Allo stesso modo, il lettore si trova di fronte a una situazione improbabile quando Einstein si trasforma in un istruttore di volo, parlando della "stabilità dei punti di appoggio A e B" e "dell'estensione dei punti C e D" (p. 93), poiché il volo è qualcosa che dovrebbe venire naturale agli uccelli.

- **Comicità linguistica:** Zorba è un "grosso grasso gatto nero" (p. 10) che il pulcino chiama ripetutamente "mamma", che è certamente un soprannome inaspettato. Sepúlveda utilizza anche l'aptronimia, cioè i nomi dei suoi personaggi sono legati alla loro personalità, al loro aspetto fisico o alla loro funzione. Zorba in turco significa "tiranno, despota, bruto", il che riflette il suo carattere forte: è veloce nel mostrare "un artiglio lungo e ricurvo come un ago da tappezzeria" (p. 29). Il suo nome potrebbe anche darci un indizio sulla sua razza: si tratterebbe di un Angora turco, un gatto a pelo lungo che sarebbe ideale per tenere al caldo un uovo. Il Segretario, che vive in un ristorante italiano, ha un nome che suona italiano e che indica anche la sua posizione subordinata rispetto al Colonnello.

Queste due tecniche hanno due vantaggi fondamentali: rendono facile ai lettori più giovani seguire la storia e rendono più sopportabili i momenti tristi (la morte di Kengah e la disillusione di Lucky).

TEMI UMANISTICI

Solidarietà, sostegno reciproco e tolleranza

Questo è uno dei messaggi principali di Sepúlveda e si può notare in tutta la storia attraverso l'enfasi posta sulla comunità degli animali, che trascende le leggi della natura e i rapporti predatore/preda: un gatto aiuta un uccello invece di mangiarlo. Questa comunità si fonda su sentimenti forti, come quelli ispirati dalla morte: quando Kengah muore, tutti gli animali piangono la perdita di uno di loro. Essi forniscono all'uomo un'illustrazione dell'importanza della solidarietà e del superamento delle differenze:

> *"Abbiamo imparato ad apprezzare, rispettare e amare chi è diverso da noi. È molto facile accettare e amare chi è come noi, ma amare qualcuno di diverso è molto difficile, e voi ci avete aiutato a farlo" (pp. 90-91).*

L'ambiente

Sepúlveda è un convinto attivista politico e ambientalista e si è unito all'organizzazione ambientalista Greenpeace, fondata nel 1971, che intraprende azioni individuali e collettive per combattere per la protezione dell'ambiente. L'autore fa direttamente riferimento all'organizzazione descrivendo piccole imbarcazioni color arcobaleno (l'arcobaleno è un simbolo importante per Greenpeace) che cercano di impedire alle enormi petroliere di scaricare illegalmente il loro olio combustibile in mare aperto. I gabbiani chiamano il petrolio rilasciato in questo modo "la peste nera" (p. 17) e "la maledizione dei mari" (p. 24). L'umanità è ritenuta direttamente responsabile della morte di Kengah. Seven Seas rende ancora più chiaro il messaggio ambientale: "Mi chiedo se gli esseri umani siano completamente impazziti, perché stanno trasformando l'oceano in una grande discarica" (p. 82). In questo modo, Sepúlveda segue le orme di altri scrittori, come il diplomatico e romanziere francese Romain Gary (1914-1980) con il suo libro del 1956 *Le radici del cielo*, lanciando un monito per sensibilizzare l'opinione pubblica.

La condanna del comportamento umano

Sebbene gli animali siano i veri eroi della storia, gli uomini hanno comunque un ruolo in essa. Oltre al tema ambientale, Sepúlveda sottolinea l'incapacità dell'uomo di comprendere:

- **l'un l'altro:** "Gli esseri umani hanno davvero un lavoro duro, […] per niente come noi gabbiani, che strilliamo allo stesso modo in tutto il mondo" (p. 6);

- **comportamento animale:** i pianti durante il funerale di Kengah (gli umani si chiedono cosa possa aver causato tutto quello starnazzare) o l'amico di famiglia che non capisce più il comportamento di Zorba.

Gli animali vedono gli esseri umani come "imprevedibili" (p. 72). Gli uomini causano danni per caso (le loro intenzioni sono fondamentalmente buone, ad esempio quando Harry dà della birra al suo scimpanzé amante dell'alcol e lo trasforma in un alcolizzato) o deliberatamente (come nel caso del gabbiano, poiché i gatti vedono l'inquinamento da parte degli uomini come un'azione consapevole). Inoltre, il Colonnello ricorda le numerose umiliazioni che gli uomini infliggono agli animali intelligenti, come delfini, leoni e pappagalli.

Il libro, tuttavia, non mette tutti gli esseri umani sullo stesso piano, come dimostra Kengah, che non li condanna tutti. Alcuni esseri umani rispettano gli animali (ad esempio il ragazzo), altri sono pronti ad aiutarli. In un mondo ideale, gli esseri umani coesisterebbero pacificamente con gli animali e con l'ambiente circostante.

L'UTILITÀ DEGLI ANIMALI COME PERSONAGGI

Gli animali parlanti sono diventati una caratteristica dei fumetti e dei film destinati ai bambini. Questo uso quasi sistematico della prosopopea ("figura [...] in cui si parla di un oggetto inanimato o di un concetto astratto come se fosse dotato di vita o di attributi o sentimenti umani", Abramson, 1999: 99) si spiega con le numerose opportunità che si aprono quando si utilizzano gli animali come personaggi. Questo approccio è stato utilizzato fin dalle favole di Esopo (scrittore greco vissuto tra il VII e il VI secolo a.C.) ed è stato adottato dallo scrittore francese Jean de La Fontaine (1621-1695), che ha creato un nuovo modo di rappresentare il mondo ai giovani lettori. Un critico ha osservato che "nella sua raccolta di

Favole regalata al figlio di Luigi XIV, il delfino, Jean de La Fontaine ha fatto dell'uso di personaggi animali uno dei principali indicatori della narrativa per ragazzi [...] L'antropomorfismo degli animali è un modo per ammorbidire la rappresentazione del mondo" (Chelebourg, 2013: 180).

Utilizzando animali parlanti come personaggi, Sepúlveda trasmette un messaggio di tolleranza e allo stesso tempo rende più facili da sopportare i passaggi più difficili della storia, come la morte di Kengah. Inoltre, e un po' paradossalmente, questi personaggi appaiono molto "umani". Ciò significa che suscitano forti emozioni nel lettore, facilitando la trasmissione del messaggio dell'autore:

> *"La compassione che le loro battute d'arresto ispirano li rende un modo ideale per incoraggiare la riflessione sull'umanità [...] In questo modo, l'umanità delle azioni degli animali si contrappone alla crudeltà degli uomini." (ibid.: 188)*

Poiché i bambini sono naturalmente attratti dagli animali (Zorba viene salvato da un bambino), una storia che li vede protagonisti ha maggiori probabilità di catturare la loro attenzione. Inoltre, il fatto che il libro sia illustrato permette di raggiungere anche i bambini più piccoli che non sanno ancora leggere, ma che saranno ricettivi al messaggio di questa "bella e poetica favola ambientale che porta un messaggio di tolleranza e solidarietà" (Ottevaere-Van Prag, G., 1999: 333).

UNA STORIA UNIVERSALE

Sepúlveda è uno scrittore cileno che ha vissuto in esilio in Germania, ha viaggiato molto e ha sperimentato lingue e culture diverse. Si considera originario del Sud, che descrive come "un territorio senza confini assurdi" (Sepúlveda, 2014: 29). Il suo romanzo è dedicato ai figli, che secondo lui rappresentano una forma ideale di cosmopolitismo, perché hanno vissuto in diversi Paesi, parlano più lingue e sanno apprezzare i sapori di diverse cucine.

Diversi elementi della storia di Lucky e Zorba riflettono questo desiderio di abolire i confini:

- **Le numerose descrizioni di viaggi:** il primo capitolo si apre con la descrizione delle rive del fiume Elba e prosegue menzionando le regioni che i gabbiani sorvolano durante la loro migrazione (Parte prima, Capitolo primo). Nel sesto capitolo ci vengono presentati Einstein e il suo padrone Harry, che ha navigato per i sette mari. Il lettore è trasportato dai nomi di Paesi lontani, come la Liberia, verso cui il padrone di Zorba vuole navigare (Prima parte, Capitolo 2) e il Madagascar, che il Colonnello non riesce a pronunciare (Prima parte, Capitolo 7).

- **Lingue:** indipendentemente dal paese di provenienza, i gabbiani parlano tutti la stessa lingua. Zorba riesce a comunicare con il pellicano (che ha cercato di mangiarlo) e con il re dei topi, per negoziare un accordo. Il poeta è sorpreso di scoprire che Zorba "parla molte lingue" (p. 112).

- **Cibo:** Segretario e il Colonnello vivono in un ristorante italiano che serve lasagne (potrebbe essere un riferimento a Garfield, creato dal fumettista americano Jim Davis, nato nel 1945, in quanto è un gatto che ama le lasagne), frutti di mare e pesce. Questi aiutano Lucky a diventare più grande e più forte.

- **I diversi animali:** oltre alle specie locali del porto (gatti, ratti, cani e gabbiani), la storia presenta anche uno scimpanzé, originario dell'Africa. All'interno della comunità animale c'è una solidarietà che trascende le specie. Ad esempio, quando i gatti rendono omaggio a Kengah, tutti gli animali della città si uniscono a loro (Prima parte, Capitolo nove).

- **Letteratura:** la lettura è presentata come un'attività divertente (il poeta a volte scoppia a ridere mentre legge i suoi testi), ma anche come un modo per imparare. Grazie alla sua assidua lettura dell'enciclopedia, Einstein conosce una vasta gamma di argomenti e non smette mai di imparare, sia su argomenti con cui ha un legame personale (i gabbiani) sia su Paesi lontani.

La combinazione di tutti questi elementi rende la storia universale, in quanto fa riferimento a una serie di culture: sebbene Sepúlveda abbia scelto di ambientare il suo racconto nel porto di Amburgo, avrebbe potuto svolgersi con la stessa facilità in qualsiasi altro porto. L'ambientazione portuale è importante anche per un altro motivo: è un luogo di scambio. Anche i personaggi animali contribuiscono all'universalità della storia, in quanto sono "figure letterarie universali e simboliche, che non appartengono a nessun paese, religione o classe sociale in particolare" (Ottevaere-Van Prag, G.: 160). La mancanza di identità culturale degli animali li rende una sorta di tela bianca su cui proiettare nuovi modi di vivere. "La mescolanza culturale sfida la nozione tradizionale di identità" (Chelebourg: 201) e quindi conferisce alla storia una portata più universale. Sepúlveda utilizza questa favola umanista per trasmettere ai suoi lettori un messaggio di tolleranza, gentilezza e rispetto, attraverso una storia divertente con animali che sembrano quasi umani.

ULTERIORI RIFLESSIONI

ALCUNE DOMANDE SU CUI RIFLETTERE...

- Secondo lei, in che misura il libro si rivolge sia ai bambini che agli adulti? Quali sono i diversi livelli di lettura che potete individuare?

- Che cosa significa la conclusione di Zorba, "solo chi osa può volare" (p. 123)?

- Questo racconto può essere considerato un esempio di letteratura impegnata? Giustificate la vostra risposta.

- In che modo l'autore ritrae il poeta? Che cosa significa il commento di Zorba che "vola con le parole" (p. 107)?

- Il racconto incoraggia il lettore a riflettere sull'umanità degli animali e delle persone. Sviluppare questa idea.

- Einstein è convinto che "Tutta la conoscenza è contenuta in questi libri" (p. 74). Quali sono i limiti di questa affermazione?

- Lucky va contro natura rifiutandosi di imparare a volare. Pensate che l'identità possa formarsi indipendentemente da elementi naturali e innati?

- Il racconto di Sepúlveda parla di un gabbiano. Fate un elenco di altri racconti o romanzi che hanno un uccello come personaggio. Quali sono le implicazioni della decisione dell'autore di mettere un uccello al centro della narrazione? In che modo gli altri libri della vostra lista sono simili o diversi dal racconto di Sepúlveda?

- Cosa ci dicono i nomi dei personaggi sulla loro personalità? Sviluppate la vostra risposta.

- Come spiegherebbe il fatto che gli animali hanno un nome, mentre gli esseri umani vengono chiamati solo per la loro funzione (il poeta) o la loro età (il ragazzo)? Secondo lei, perché Harry, il proprietario del bazar, fa eccezione a questa regola?

ULTERIORI LETTURE

EDIZIONE DI RIFERIMENTO

Sepúlveda, L. (2016) *Storia di un gabbiano e del gatto che le insegnò a volare*. Trans. Sayers Peden, M. Richmond, Surrey: Alma Books Ltd.

STUDI DI RIFERIMENTO

Abrams, M. H. (1999) *Un glossario di termini letterari*. Settima edizione. Boston, Massachusetts: Heinle & Heinle.

Chelebourg, C. (2013) *Les Fictions de jeunesse*. Parigi: PUF.

Ottevaere-Van Prag, G. (1999) *Histoire du récit pour la jeunesse au xxe siècle*. Bruxelles: Peter Lang.

Sepúlveda, L. (2014) *Une vie de passions formidables*. Parigi: Éditions Métailié.

ADATTAMENTO CINEMATOGRAFICO

Lucky e Zorba. (1998) [Film]. Enzo d'Alò. Dir. Italia: Cecchi Gori Group Tiger Cinematografica.

Questo film d'animazione è un adattamento libero del libro di Sepúlveda ed è adatto ai bambini dai tre anni in su. Sono state apportate diverse modifiche per rendere il film più adatto a un pubblico giovane, tra cui il canto, l'introduzione di nuovi personaggi (la figlia del poeta, un altro gatto) e un ruolo maggiore per gli umani e i topi. Il film ha vinto due premi, tra cui il premio del pubblico al Montréal International Children's Film Festival nel 2000.

Vogliamo sapere da voi!
Lasciate un commento sulla vostra biblioteca online
e condividete i vostri libri preferiti sui social media!

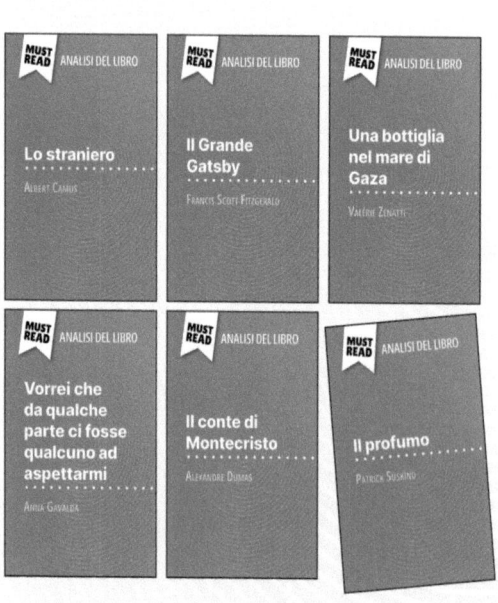

www.50minutes.com

Master ISBN: 9782808690546
ISBN cartaceo: 9782808611947
Deposito legale: D/2023/12603/1474

Copertura: © Primento

Concezione digitale a cura di Primento, il partner digitale degli editori.